Oscar Garcia Fernandez

Aus dem Leben eines Christen

Oscar Garcia Fernandez

Aus dem Leben eines Christen

Herstellung und Verlag:
BoD-Books on Demand,
Norderstedt

ISBN: 978-3-7504-7164-1

Weisheiten und Sprüche

eines gottesfürchtigen Menschen

Ich glaube, ich weiß es aber nicht. Die verbotene Frucht, die Adam und Eva aßen, war kein Apfel oder so etwas. Es war die Lüge. Angestiftet vom Teufel. Der Mensch lügt das erste Mal und fliegt aus dem Garten Eden, angestiftet vom Teufel, der der Vater der Lüge ist. Im Paradies gibt es die Lüge nicht. Ist das die absolute Wahrheit? Natürlich nicht, das soll nur ein Beispiel sein. Ich kann mir vorstellen, die Lüge ist die erste Sünde, die der Mensch begeht.

Die Bibel ist ein Buch, das lebt. Geschrieben vom Heiligen Geist und den Propheten. Sie ist nicht logisch und kann deshalb nicht studiert werden. Man kann sie nur durch

Eingebung verstehen. Im Himmel
gibt es so etwas wie Logik nicht.
Weder Engel noch Geister noch
Dämonen noch sonst irgendwelche
Wesen, die kein Gehirn haben,
denken logisch. Nur Wesen mit
einem Gehirn denken logisch. Ich will
euch das mit anderen Worten
erklären. Würdet ihr versuchen,
einen Dämon zu verstehen, das sind
die kleinsten Wesen ohne Gehirn,
würdet ihr in zehn Minuten
durcheinander sein.

Meinst Du, Gott denkt so wie Du,
und hat ein Gehirn. Ich mag keine
Kopf-Christen.

Du kannst beeinflussen, wie Du stirbst. Wann Du stirbst nicht. Das steht schon in Deinen Genen geschrieben. Wie in der Bibel steht, wer kann sein Leben um einen Tag verlängern.

Angst regiert die Welt.

Nie wieder!

Und zu den Priestern und Pastoren sage ich, wie geschrieben steht. Ihr Schlangenbrut. Ihr selbst geht nicht hinein und die, die in den Himmel wollen, lasst ihr nicht hinein.

Was ist für mich ein Wahnsinniger, fragen mich die Leute. Ein Wahnsinniger ist für mich ein Mensch, der einem Kind die Augen ausstechen kann und sich danach ein Bier trinkt. Wie viele es davon gibt, sieht man im Dritten Reich, als sie aktiv waren. Für mich sind sie aber auch wahnsinnig, wenn sie nicht aktiv sind.

Wieso hassen sie euch? Weil ihr in den Himmel kommt und sie nicht.

Paulus hat nicht geglaubt, er hat es
gewusst.

Die meisten Menschen glauben nicht
an den Tod. Sie glauben, sie leben
unendlich. Ich verstehe bis heute
nicht, wie der Teufel oder die
Zivilisation den Tod aus dem
Bewusstsein des Menschen
verdrängt hat. Die Leute sterben
nicht mehr, sie verschwinden nur.
Der Tod dauert länger als das Leben,
weiß jedes Kind. Und trotzdem
macht sich das keiner bewusst.

Wenn Christ-Sein eine Krankheit ist, muss ich wohl sehr krank sein.

Einmal sagte einer der Ältesten zu einem meiner kleinen Brüder, in der Welt töten sie Tiere, um sie dann zu essen. Da sagte einer meiner Brüder, Mensch, was müssen sie für einen Hunger haben. Da meinte einer der Ältesten, sie töten sie nicht, weil sie so viel Hunger haben, sie machen das zum Spaß. Wahnsinn, antwortete einer meiner kleinen Brüder. Das ist gar nichts, antwortete einer der Ältesten, in manchen Ländern gibt es Menschen, die mit hundert Kilo Reis in der Tasche gehen und neben ihnen verhungert ein kleines Kind, weil ihm zwanzig Gramm Reis fehlen. Und er gibt ihm nichts, geht weiter und betet danach Gott an. Da antwortete einer meiner kleinen Brüder, Wahnsinn, ist er so hungrig, dass er nichts abgeben kann. Da sagte einer der Ältesten, das macht er nicht, weil er so viel Hunger hat, sondern weil er gierig und geizig ist. Da meinte einer meiner Brüder, was ist gierig. Da sagte der Älteste, wenn man lieber etwas wegschmeißt, als es einem anderen zu schenken. Wahnsinn, sagte einer meiner Brüder. Und warum sind sie so, fragte er. Da sagte der Älteste, weil sie doof sind.

Man fragte mich, wenn es Gott gibt, wieso gibt es dann Kriege, Hungersnöte und Katastrophen und so weiter. Ich weiß nicht viel, ich weiß aber, dass alles, was ist und nicht ist, der Herrlichkeit der Kinder Gottes dient. Wir werden Gott schauen und dankbar sein, dass er so wunderbar ist.

Danke Herr, dass wenn ich um eine Schlange bitte oder einen Skorpion, Du mir keine Schlange oder einen Skorpion gibst, sondern ein Stück Brot. Deswegen bete ich immer, Dein Wille geschehe und nicht meiner. Und schon gar nicht der Wille des Teufels. Du, der Du schaust auf das Unbegrenzte, weißt, was gut für

mich ist, nicht ich selber. Jesus
dankte auch als er Todesängste
schwitzte.

Herr, die Leute, die Dich am meisten
vor den Menschen bekennen, sind
die, die Dich am meisten verleugnen,
wie geschrieben steht, nur wegen
euch gerät der Name des Herrn in
Verruf.

Liebe ist eine Intelligenz, die man
nicht messen kann. Heutzutage
wenigstens noch nicht. Die Bibel
nennt sie Weisheit.

Man fragte mich, ob ich Angst vor dem Tod hätte. Ich antwortete, nein. Ich war bestimmt schon acht Mal in akuter Lebensgefahr und habe keine Angst vor dem Tod gehabt. Da fragte man mich, ob ich überhaupt Ängste hätte, da antwortete ich, natürlich. Ich habe Angst vorm Erblinden, ich habe Angst, querschnittsgelähmt in einem Krankenhaus aufzuwachen, und und und. Leute wie ich haben keine Angst vor dem Tod. Das wäre genau so, als hätte die Polizei Angst vor Verbrechern.

Die Gemeinden und Kirchen sind in den Händen des Teufels. Traurig aber wahr. Auch wenn sie nicht für euch beten, wisset, dass ihr Brüder und Schwestern auf der ganzen Welt habt, die das tun. Die Pastoren, Priester, Pfarrer usw. dienen dem Teufel. Dazu sind sie bestimmt.

Ein Herz für Teufel. Jesus hatte kein Herz für Judas. Er hat ihn nur geduldet.

Selig bist Du Petrus, Dein Fleisch und Blut haben Dir das nicht offenbart (aus der Bibel). Was meint die Bibel immer mit Fleisch und Blut. Sie meint das Gehirn.

In der Psychiatrie habe ich noch keinen Wahnsinnigen kennengelernt. Wahnsinnige Ärzte habe ich schon viele getroffen. Was ich unter Wahnsinn verstehe, habe ich schon vorher zitiert.

Die Wahrheit ist erst herb, dann süß. Bei der Lüge ist es anders. Die ist erst süß und dann herb.

Für den Gerechten ist nichts Sünde. Egal was er macht.

Für den Ungerechten ist alles Sünde.
Egal was er macht.

Für den Reinen ist alles rein.

Für den Unreinen ist alles unrein.
Egal was er macht.

Für die Leute, die dieses Spiel
spielen, das macht rein, das macht
unrein, sage ich, es gibt nichts mehr,
was unrein macht, als zu lügen.

Es ist leichter zu lügen, als die
Wahrheit zu sagen. Das stimmt. Es
täuscht aber. Langzeitlich gesehen
geht es Menschen, die die Wahrheit
sagen immer besser, als Leuten, die
lügen. Natürlich, wenn man mir eine
Pistole auf die Stirn setzt, lüge ich.
Aber auch nur dann.

Scheiß egal ist keine Meinung. Das ist genauso gut, wie verantwortliche für fünfzig Tote zu sein. Die meisten Menschen werden gerichtet nicht nach dem, was sie gemacht haben, sondern nach dem, was sie nicht gemacht haben.

Die Seele ist nicht im Körper, sie benutzt nur den Körper.

Ich glaube, ich weiß es nicht, Schuld, dass man den Tod so verdrängt, ist hier im Westen die katholische Kirche; wenn man an eine ewiges

Fegefeuer denkt, dann kann man den Tod nur verdrängen. Mit so einer Einstellung kann man ja kein positives Leben führen. Klar, dass man den Tod so verdrängt und nichts mit ihm zu tun haben will. Aber daran ist auch der Teufel schuld. Der Teufel hasst Menschen, die über den Tod nachdenken. Dass wir einen Meinung über den Tod haben, da hat er nichts gegen. Nur wenn wir darüber nachdenken, schon.

Wahnsinnige sind Menschen, die einem Kind die Augen ausstechen können und danach ein Bier trinken gehen. Als man die Juden ermordet hat, dachte ich immer, die Juden wären eine kleine Minderheit. Das stimmt nicht. Sechs Millionen tote Juden ist so, als hätte man zehn Städte, so groß wie Düsseldorf, auf Grund und Boden ausgelöscht. Da dachte ich mir, ein paar wahnsinnige Beamte schaffen das nicht. Da sagte einer zu mir, sechzehn Millionen Wahnsinnige schaffen das. Da meinte ich, ja die schaffen das. Nicht aus Wissen, aus Nachsinnen kann ich mir vorstellen, dass von zehn Menschen zwei wahnsinnig sind. In Deutschland sind sie nicht mehr an der Macht. In anderen Ländern schon. Können Sie sich vorstellen, sechzehn Millionen Wahnsinnige an der Regierung.

Hier in Deutschland finden wir sie am meisten. In der Medizin und anderen Berufszweigen. Diese Menschen sind meistens auch intelligent. Ein Glück sind sie nicht mehr in der Politik. Sie gehen auch gerne in die Gemeinden und machen einen Schein als fromm.

Diese Wahnsinnigen gibt es und wird es immer geben. Nur schön, dass sie nicht mehr an der Macht sind.

Die Wahrheit kann man nicht in Worte fassen, wie soll ich das erklären. Versuchen Sie mal einen Blinden eine Farbe anhand von Wörtern zu erklären. So viel zu den Kopf-Christen. Deswegen redete Jesus immer in Gleichnissen. Ich kann das auch anders interpretieren. Ich kann mir vorstellen, das Wort des Glaubens ist ein Irrtum für die Kopf-Christen.

Die meisten erwachsenen Menschen sind keine Erwachsenen, sondern verbitterte Kinder.

Die Scientology-Sekte, mit der ich ein paar Jahre zu tun hatte, predigt Erfolg. Erfolg im Berufsleben und Privatleben. Ich weiß nicht, ob das funktioniert, wenn man seine Seele an den Satan verkauft. Ich glaube, nicht. Die Scientology-Sekte arbeitet viel mit Hexen zusammen.

Prediger sind keine Leute, die in den Gemeinden große Sprüche klopfen. Prediger sind meistens Musiker, Schriftsteller, Künstler, Politiker, usw. Manchmal ist es sehr schwer, zu durchschauen, was sie predigen. Z. B. gibt es Musiker, die predigen Geld, ohne dass man das merkt. Andere Musiker und Künstler predigen z. B. Faschismus, auch ohne dass man das merkt. Gucken Sie sich mal die Künstler und Musiker in manchen Ländern an, die gibt es auch hier. Sie singen über Liebe und in Wirklichkeit predigen sie Hitler. Oder sie singen über Drogen und in Wirklichkeit predigen sie Hass.

Jesus ist nicht gekommen, die Bibel aufzuheben, sondern um zu erfüllen.

Ihr könnt nicht nur, ihr sollt auch in die Kirchen und in die Gemeinden gehen. Wenn ihr den Schwachsinn, den die Priester oder Pastoren predigen, glaubt, dann könnt ihr auch hingehen. Sie richten sich nur selber. Wie geschrieben steht, ihr selbst geht nicht hinein und die hinein wollen, lasst ihr nicht hinein. Und über Christi Blut habe ich noch nie Witze gemacht. Gott will nicht, dass wir Angst vor ihm haben, aber wenigstens Respekt.

Wenn ihr schon keine Ehrfurcht vor dem Leben habt, dann wenigstens vor Gott.

Hexen sind keine alten Frauen mit Kopftuch und einer Warze auf der Nase oder einer schwarzen Katze. Viele Politiker fragen Hexen um Rat. Hexen interessieren sich nicht für Groschen-Horoskope, meistens sind sie in Machtpositionen. Ich kenn mich mit Hexen nicht sehr gut aus, aber Satanisten gehören dazu. Die Hexenverfolgung im Mittelalter, kann ich mir vorstellen, war eine reine Christenverfolgung, wie gesagt, ich weiß es nicht. Ich weiß nur eins, Hexen werden auf dieser Welt verehrt.

Ihr sollt beten. Meint ihr nicht, Gott weiß nicht im Vorhinein, um was ihr ihn bitten wollt. Warum sollt ihr dann beten. Weil der Satan noch nicht entmachtet ist und weil er noch eine Menge Macht hat. Und wenn ihr betet, kann an er euch nicht so leicht anfechten.

Ich weiß es nicht, ich glaube es, Hexen sind Priester des Satans. Die gibt es in jeder Religion. Das Haustier der Hexen sind nicht Katzen sondern Ratte. Hexen stehen für Aberglaube, Zauberei, Wahrsagerei usw. Sowas gibt es, ja. Ihr solltet euch aber damit nicht beschäftigen. Sie zerstören die innerliche Liebe. Man wird kaltherzig dadurch. Ihr könnt nicht den Kelch Gottes trinken und den Kelch der Dämonen.

Als Christ müsst ihr loslassen können, sonst macht euch der Teufel verrückt. Loslassen ja, vergessen nein.

Wer an das Evangelium Gottes glaubt, muss an das ganze Evangelium glauben. Jesus ist für mich am Kreuz gestorben, reicht nicht. Tausende von Menschen sind am Kreuz gestorben.

Nikotin und Kaffee sind die besten Drogen, die ich kenne. Sie haben eine Menge Geborgenheit und verändern nicht das Bewusstsein. Man wird auch nicht doof davon, wie bei anderen Drogen. Ganz im Gegenteil, sie erweitern das Bewusstsein. Natürlich sterben viele an den Folgen von Nikotin. Es sterben aber genauso viele an den Folgen von Autoabgasen. Ich weiß nicht, warum der Staat sie so sehr verteufelt. Wahrscheinlich, weil das die einzigen Drogen sind, die keine Sünde sind. Und wahrscheinlich, weil

der Staat so gut an den Rauchern
verdient.

Die Gemeinden und Kirchen sind in
den Händen des Teufels. Traurig
aber wahr. Das heißt nicht, dass ihr
sie nicht besuchen sollt. Auch wenn
sie für euch nicht beten, wisset, dass
ihr Brüder und Schwestern auf der
ganzen Welt habt, die für euch
beten.

Zu Weihnachten;

würde mich nicht wundern, wenn
Weihnachten das heidnischste Fest
der Welt ist. Der Weihnachtsmann,

Geschenke verschenken, Tannenbaum, mit der Familie zusammen essen, sowas kommt nicht von Gott. Was versteht man unter heidnischem Fest, irgendwelche Dämonenverehrung. Ich feiere auf jeden Fall Weihnachten nicht mehr. Müssen Sie sich mal vorstellen, wenn fünf Milliarden Narren so was feiern, was das für Energien auslöst. Da geht es den frommsten Christen schlecht. Dagegen hilft nur eins, kein Weihnachten feiern. Dann habt ihr auch keine Gemeinschaft mit den fünf Milliarden. Weihnachten ist so was wie die Verehrung von Maria bei den Katholiken. Und stellen Sie sich jetzt vor, fünf Milliarden Menschen beten die Maria gleichzeitig an. Was das für Energien auslöst. Da kommen

nicht mal die Engel des Herrn durch.
Ich weiß nicht warum. Weihnachten
habe ich immer gehasst, Ostern liebe
ich.

Hexen arbeiten nicht mit Steinen,
sondern mit Dämonen.

Die größten Satanisten, die ich
kenne, ist die Scientology Sekte. Sie
arbeiten viel mit Hexerei und
Zauberei. Zur Hexerei gehören auch
verschiedene Arten von Meditation.

Wie gesagt, man bekämpft nicht das Böse, man deckt es auf.

Zehn Jahre war ich in der Scientology Sekte, ohne es zu merken. Dem Willen von Hexen und Zauberern ausgesetzt. Beinahe hätten sie mich für immer in die Psychiatrie gebracht, in Teneriffa. Es war fast unmöglich, da abzuhauen. Ich weiß nicht, wer mich in die Scientology Sekte reingebracht hat. Auf jeden Fall war ich auf einmal mittendrin. Sie geben sich ja nicht zu erkennen. Ich dachte immer, Hexen seien Leute in Schwarz, die das Kreuz andersherum tragen. Das stimmt nicht. Sie ziehen ein Kleid des Lichts an.

Und die Hexenverfolgung im Mittelalter kann ich mir vorstellen, das war eine reine Christenverfolgung. Hexen werden auf dieser Welt nicht verfolgt, sondern verehrt. Man trifft sie gerne in der Filmszene, in der Musikszenen und auch in anderen Bereichen. Wie gesagt, Hexen arbeiten nicht mit Steinen, sondern mit Dämonen.

Könnt ihr euch jemals daran erinnern, dass in den Gemeinden oder in den Kirchen für Christen in der Psychiatrie gebetet worden ist. Nein, ich auch nicht. So sehr werdet ihr gehasst. Ihr werdet gehasst, weil ihr in den Himmel kommt und sie nicht. Sie würden euch am liebsten ans Kreuz nageln. Können sie aber nicht. Stattdessen stecken sie euch in die Psychiatrie. Die Katholiken würden am liebsten ein goldenes Kalb auf den Altar stellen. Und die Freikirchler würden am liebsten alle Christen in die Psychiatrie stecken. Können sie aber nicht. Wer Christ sein will, muss Verfolgung leiden. Jesus ist uns vorausgegangen und hat Blut geschwitzt. Wenn ihr durcheinander seid und nicht beten könnt, könnt ihr wenigstens fasten. Das hilft auch gegen die listigen Anschläge des Teufels.

Eine falsche Vertrauensperson kann
mich auch in die Klinik bringen.
Damit sie euch in der Psychiatrie
foltern, braucht man meistens zwei
Sachen. Ihr müsst lügen und eine
falsche Vertrauensperson haben.

Auch gegen Ängste hilft fasten.
Fasten ist nicht, statt Steak Fisch
essen, das machen Vegetarier das
ganze Jahr, fasten ist nichts essen.

Ihr seid selig, ob ihr wollt oder nicht.
Es geht darum, dass ihr in dieser
Welt nicht so leiden müsst.

Das Haus meines Vaters soll ein Gebetshaus sein und kein Kaufhaus. So viel zu Weihnachten. Feiert den Herrn oder den Weihnachtsmann. Beides geht nicht. Das Fest der Liebe das ist nicht ein Fest der Liebe, sondern ein Fest der Familien. Man kann sagen, das ist ein Fest der Schweine. Die meisten wissen gar nicht, wie Liebe geschrieben wird. Dabei sagt Paulus eindeutig, was es ist.

Der Mensch hat nicht die Bibel geschrieben, Gott hat die Bibel für den Menschen geschrieben.

Ein Arzt kann dir nur wehtun, wenn du ihm vertraust. Das gilt vom Zahnarzt bis zum Psychiater. Es ist besser, ihr habt ein Arschloch zum Arzt, dem ihr nicht vertraut, als einen falschen, dem ihr vertraut. Vertraut euch lieber selber und gebt die Verantwortung nicht beim Arzt ab. Wenn der Arzt irgendwas macht, was ihr nicht mögt, dann wechselt den Arzt. Es gibt genug Ärzte. Und es ist besser, ihr vertraut dem Arzt nicht, dann kann er euch auch nicht wehtun.

Spanien ist der letzte faschistische Staat in Europa. Deswegen machen die Nazis so gerne in Spanien Urlaub. Ein faschistisches Land erkennt man nicht an dem Namen der Partei, sondern an ihren Strukturen. Z. B. wie sie die untere Schicht behandelt. Dazu gehören Obdachlose, psychisch Kranke, usw. Wenn du in Spanien als Obdachloser irgendwo liegst, kommt die Polizei und sagt zu dir, wir wollen dich hier nicht mehr sehen. Und sollten sie dich dennoch noch mal sehen, stecken sie dich ins Gefängnis. Das gleiche gilt auch für psychisch Kranke und andere Minderheiten. Und wenn jemand fragt, warum sie im Gefängnis sind, sagen sie, er ist freiwillig hier. Und wenn dir die Flucht aus dem Gefängnis gelingt und du dreißig Kilometer weit kommst, verhaftet dich die Polizei und bringt dich wieder zurück. Es ist praktisch unmöglich, daraus zu kommen. An solchen Strukturen und ähnlichem erkennt man einen faschistischen Staat. Die Faschisten stecken alles ins Gefängnis.

Ein Spiel, das der Teufel gerne spielt, ist, es geht um alles oder nichts. Diesen Kampf hat schon Christus gewonnen.

Die Bibel ist für manche ein Liebesroman, für die Kinder Gottes Gottes Kraft. Komisch, obwohl die Bibel zweitausend Jahre alt ist, lebt sie immer noch. Das Wort, nicht das Buch.

Kennen Sie die Geschichte von Lazarus und dem Reichen aus der Bibel. Wer würden Sie lieber sein. Natürlich der Lazarus. Am besten ist aber, keiner von beiden zu sein.

Dankbarkeit ist des Glückes Freund. Und an einer anderen Stelle in der Bibel heißt es, wer im kleinen treu ist, ist auch im großen treu.

Dein Wort ist meines Fußes Leuchte
(aus der Bibel).

Die Bibel ist ein Geschenk Gottes an
den Menschen. Mit keinem Geld der
Welt zu bezahlen. Sie ist mit dem
Blut der Propheten geschrieben.

Nur ein Arschloch als Arzt
verschreibt kein Tavor. Tavor hält
euch von der Psychiatrie fern.

Entweder lernt ihr, mit der Krankheit
zu leben, oder die Krankheit lebt mit
euch.

Hunde halten Geister fern.
Deswegen isst man keine Hunde.

Wenn dich einer auf die rechte
Wange schlägt, dem halte auch die
linke hin (aus der Bibel). So was
können nur wenige Menschen.
Solche Leute wie ich können das,
weil sie wissen, wenn du die linke
Wange auch hin hälst, bricht er sich
den Arm. Das ist symbolisch
gemeint, nicht wörtlich.

Es gibt Ärzte, die geben euch lieber
zehn Milliliter Haldol als eine halbe
Tavor.

Vom fernsehgucken kann man
Paranoia kriegen und außerdem
macht fernsehgucken einsam. Lieber
Radio hören, da kriegt ihr auch mit,
was alles in der Welt passiert.

Ich mag keine menschlichen
Weisheiten oder Philosophien. Wie

geschrieben steht, er fängt die Klugen in ihrer List.

Manchmal kriege ich Angst. Die Bibel ist schon zwei Tausend Jahre alt und mir kommt es vor, als wäre sie gestern geschrieben.

Ich habe keine Angst vorm Teufel, aber wenn du ihn mir vor die Nase hängst, kriege ich Angst.

Christus ist kein zorniger, verhasster Gott.

Mein Bruder und meine Schwester sind nicht die nach dem Fleisch, sondern die Kinder Gottes. Das könnt ihr wörtlich nehmen.

Nicht nur Menschen lieben, Tiere können auch lieben. Im Himmel werden auf jeden Fall keine Tiere mehr getötet. Ja, ich glaube, dass Tiere eine Seele haben. Fische und Insekten, glaube ich, nicht. Nur Warmblüter. Deswegen darf man auch Fisch essen.

Die Bibel soll uns segnen, nicht uns fluchen. Aber für die meisten ist sie ein Fluch. Wenn dir Gott nicht gefällt, lass die Finger von ihm. Es kommen eher die Atheisten in den Himmel, als die falschen Christen.

Mir gefällt Gold nicht. Ich finde, Gold hat so etwas Diabolisches.

Herr, schlage mich, strafe mich, züchtige mich, nur ignoriere mich nicht. Bevor du mich ignorierst, nimm mein Leben.

Der Teufel würde am liebsten alle Christen in die Psychiatrie stecken. Es gilt, wen der Herr segnet, kann der Teufel nicht verfluchen. Der Teufel verflucht die Menschen, nicht Gott. Der Teufel hasst den Menschen.

Herr, zahle mir nicht Münze mit Münze, sondern habe immer Mitleid mit mir.

Mein Herr, verlasse mich nie. Auch wenn ich dich verlasse, verlasse du mich nicht.

Die Bibel ist für manche ein Segen,
für manche ein Fluch.

Wie viel Liebe steckt in dem Wort
der Bibel, nicht in dem Buch,
sondern in dem Wort.

Selig bist du Petrus, den Fleisch und
Blut haben dir das nicht offenbart,
sondern mein Vater im Himmel (aus
der Bibel).

Dass ihr verfolgt werdet, ist gewiss und wahr. Alles andere spinnt ihr euch zurecht.

Denn ich bin gewiss, dass weder Tod noch Leben, weder Engel noch Mächte noch Gewalten, weder Gegenwärtiges noch Zukünftiges, weder Hohes noch Tiefes noch eine andere Kreatur uns scheiden kann von der Liebe Gottes, die in Christus Jesus ist, unserm Herrn (aus der Bibel). Ich füge hinzu, weder Alkohol noch Drogen noch Selbstmord noch sonst etwas Denkbares oder etwas Nicht-Denkbares.

Meint ihr es kommt darauf an, ob ihr siebenundzwanzig Sünden oder siebendreißig Sünden die Woche habt. Sollen wir deswegen in der Sünde verharren. Bestimmt nicht.

Gottes Gaben werden einem geschenkt und können nicht gereuen.

Natürlich hat mein Glaube Fehler, na und. Kennt ihr nicht das Gleichnis mit den Talenten. Einer hatte so ne Angst, Fehler zu machen, dass er sein Talent vergrub.

Wenn wir es schon so schwer haben, was wird aus denen werden, die nichts mitkriegen. Gott verfolgt nicht die Bösen, irgendetwas verfolgt die Guten.

Es gibt keine Kugel, die einen Christen töten könnte. So viel Macht hat der Teufel nicht. Eure Seligkeit kann euch niemand nehmen.

Falsche Propheten werden nicht verfolgt. Sie werden geliebt und begeistern die Massen. Auch haben

sie Geld und predigen Erfolg.
Christus hat keinen Erfolg gepredigt.

Das Abendmahl ist das heilige Mahl
der Heiligen. Für die einen, die das
nehmen, ein Segen und für die
anderen, die das nehmen, ein Fluch.

Für die Ungerechten ist alles Sünde.
Die größte Sünde, die ich kenne, ist
die Lüge, die nach Verrat kommt.

Nicht alle in der Psychiatrie haben
Dämonen, aber ich kann mir

vorstellen, dreißig bis fünfzig Prozent bestimmt. Der Nährstoff von Dämonen ist die Lüge. Davon ernähren sie sich zu siebzig Prozent. Wenn ihr lernt, die Wahrheit zu sagen, verschwinden zwar die Dämonen nicht, aber sie brechen nicht aus. Fasten einmal im Monat unterstützt das auch. Verfolgungswahn ist wieder was anderes. Nirgendwo wird mehr gefoltert, als in den Psychiatrien. Und meistens können sie das auch nur tun, wenn ihr lügt.

Der Teufel gönnt euch nicht einmal den Selbstmord, weil er weiß, dass ihr direkt in den Himmel kommt. Ich kenne eine Frau, die ist schon seit zwanzig Jahren in der Psychiatrie. Was will sie noch in dieser Welt. Da betet man drei Monate zum Herrn, fastet eine Woche und verlässt dann diese Welt. Wir sind noch nicht so, wie die, die keine Hoffnung haben. Also, wenn mich der Teufel zehn Jahre in die Psychiatrie steckt, bin ich weg. Gott steckt seine Kinder nicht in die Psychiatrie, das macht der Teufel. Wäre Selbstmord etwas Grauenhaftes, würde es in dieser Welt vererbt werden. Dadurch aber, da es was Heiliges ist, wird es verflucht.

Aus dem Bauch oder wegen einer Panikattacke die Welt zu verlassen, kann ich mir vorstellen, kommt nicht vom Herrn. Da sollte schon der Kopf dabei sein.

Oscar Garcia Fernandez

Die Ehe im einundzwanzigsten Jahrhundert

Ich wollte erst nicht, aber dann habe ich mich doch entschieden, ein paar Zeilen über die Ehe im einundzwanzigsten Jahrhundert zu schreiben. Die Ehe gibt es normalerweise nicht. Weder im Himmel noch in der Natur wird geheiratet. Selbst die Tiere heiraten nicht. Die Ehe ist ausschließlich für den Menschen gemacht.

Als ich meinen Hund kastrieren lassen habe, hatte sie keine Lust mehr auf Rüden. Bei den Menschen gibt es so etwas nicht.

Der Mensch ist vor der Hochzeit der gleiche wie nach der Hochzeit. Mit den gleichen Ängsten, Sorgen und Bedürfnissen wie vor der Hochzeit.

Man kann sagen, die Hochzeit spielt sich nur im Kopf ab. Man kann auch sagen, man schwört etwas, das es gar nicht gibt.

Die Ehe ist ein künstliches Geschenkt Gottes an den Menschen.

Dazu kommt noch, der Mensch ist nicht für die Ehe gemacht, sondern die Ehe für den Menschen.

Die Ehe, wie wir sie jetzt kennen, gab's nicht immer. Vor tausend Jahren war die Ehe was anderes als vor fünfhundert Jahren. Und vor zweihundert Jahren war sie wieder was anderes als heute. Und in hundert Jahren wir sie wieder was anderes sein.

Auch die Gründe, warum man heiratet, ändern sich von Generation zu Generation. Heute heiratet man, weil man verliebt ist. Früher gab's so was nicht. Und in hundert Jahren wird es auch wieder anders sein. Ein Mensch verliebt sich mindestens vier, fünf Mal im Leben. Das heißt man müsste vier, fünf Mal im Leben heiraten. Manche machen das auch. Das war früher undenkbar.

Oscar Garcia Fernandez

Wuppertal, 2020

Ich und meine Insel

Die Insel, auf der wir lebten, lebten 50 -70 Brüder und Schwestern.

Die Insel haben unsere Vorfahren vor etwa tausendfünfhundert Jahren entdeckt. Unsere Vorfahren waren sehr entwickelte Menschen. Sie haben auch die ganzen Einrichtungen und Anlagen, in denen wir leben, gebaut. Sie halten und funktionieren noch bis heute.

Die Insel hatte einen magnetischen Kern, so dass man sie auf dem Radar nicht orten konnte. Sie veränderte auf dem Radar dauernd ihre Position. Man konnte nur durch Zufall und Gottes Willen an sie gelangen. Wegen ihrer Strahlung, die

die Insel hatte, gab es auch kein Feuer. Auf der Insel gab es auch kein Unkraut, keine Bakterien, keine Insekten und auch keine Pilze und Viren.

In der Mitte südlich war die Höhle, in der wir lebten. Sie war ungefähr zweitausend Quadratmeter groß. Die Insel an sich war hundert Quadratkilometer groß und hatte die Form von Wuppertal.

In unserer Wohnanlage, diese Höhle, gab es eine Küche, die unsere Vorfahren gebaut haben und einen Reaktor hatte, der mit Wasser funktionierte. Auf der Insel hatten wir auch keinen Strom. Die Küche hatte vier Herdplatten und einen Ofen, auf den zehn Palletten passten. Sie war immer heiß, so dass sie abends unsere gesamte Wohnanlage erwärmte und es in der Nacht nicht kalt war. Sie leuchtete auch im Dunklen und erhellte nachts den Raum.

Vorne am Eingang des Schachts gab es eine Quelle, von der das Wasser in zwei Becken floss und nachher in einer Mündung verschwand. Aus dem ersten Becken tranken wir und mit dem Wasser des zweiten Beckens wuschen wir uns. Im zweiten Becken waren außerdem noch 6 Steine, auf denen wir unser Geschäft machten. Der Dreck im zweiten Becken verschwand in der Mündung.

Am Eingang der Höhle waren auch die Tische und Bänke, wo wir uns aufhielten. Wir aßen dort und wir feierten auch dort. Rechts am Eingang waren die Betten. Die Betten bestanden hauptsächlich aus einer Silikonmatratze. Weiter rein waren zehn große leere Becken, wo wir unsere Lebensmittel lagerten. Außerdem war in der Mitte der Behausung ein großes Kreuz aus Holz. Wir waren nämlich Christen. In der Mitte war eine Orgel, mit der wir Musik machten und feierten.

Dann gab es noch einen kleinen Raum, wo wir die Bibel lagerten. Das waren einzelne Rollen. Am Eingang der Höhle gab es eine große Wiese, wo wir mit den Katzen und Hunden spielten. Wir hatten im Durchschnitt 6 Hunde und zehn Katzen.

Westlich von unserem Heim, zwei Kilometer ungefähr, war das

Krankenhaus. Das war ein Gebäude, in das ungefähr 30 Leute reinpassten. Meistens war da ein Arzt, ein Missionar, ein Koch und halt die Patienten. Da wir keine Viren und Bakterien hatten, war das Krankenhaus meistens leer. Aber es gab schon mal Verbrennungen, Altersschwäche oder so ähnlich, die dort behandelt worden. In der Medizin gab es nur vier Beeren, die auf den Feldern wuchsen. Eine Beerenart war gegen Schmerzen, eine andere gegen Schlafstörungen und eine weitere, wenn man nicht mehr leben wollte.

Nordwestlich vom Krankenhaus war der heilige Strand. Er war zehn Minuten vom Krankenhaus entfernt. Dort kamen schiffsbrüchige Brüder und Schwestern an, die zu uns wollten. Aber auch Terroristen, die versuchten, die Insel zu zerstören. Dieser Strand war wegen der Strömung der einzige Platz, wo Schiffsbrüchige landeten.

Jeden Morgen machten sich zwei Brüder oder Schwestern vom Krankenhaus auf die Suche nach Schiffsbrüchigen. Sie gingen dabei eine halbe Stunde den Strand entlang und eine halbe Stunde wieder zurück.

In der Mitte, nördlich der Insel, waren die Gemüse- und Obstfelder, wo wir jeden Tag ernteten. Da wir keine vier Jahreszeiten hatten, sondern nur eine, konnten wir das ganze Jahr ernten. Daneben, westlich, waren die Nussfelder.

Anders, als beim Gemüse, konnten wir sie nur zweimal im Jahr ernten.

Weiter westlich war die Werkstatt, wo wir die Stoffe, die wir brauchten, herstellten. Es war eine Höhle mit ungefähr dreitausend Quadratmetern. Da drin war auch eine Weberei, mit der wir unsere Textilien verarbeiteten. Unsere Stoffe bestanden hauptsächlich aus Baumwolle, die wir in den Feldern ernteten. Mit einem Gemisch von Kautschuk und Stoff entstand ein Stoff, der so ähnlich wie Leder war. Auch den Kautschuk ernteten wir aus den Bäumen in den Feldern. In der Höhle war auch eine Kupfermine. Aus dem Kupfer gewannen wir unsere Werkzeuge, die wir zum Leben brauchten, wie Becher, Teller oder Töpfe.

Im Norden, ganz westlich, war der heilige Berg. Dort wüteten die Dämonen. Es gab ständig Schneestürme und eine eisige Kälte. Wir hatten dort eine Unterkunft, in die zwanzig Leute reinpassten. Manchmal, wenn wir ernsthafte Probleme hatten, gingen wir zum Fasten auf den Berg. Meistens blieben wir sechs bis sieben Tage da. Nicht selten erfror ein Bruder oder eine Schwester. Je nachdem, wie der Wind kam, ob von Norden oder Osten, kam Schnee auch über den Rest der Insel. Da war aber eher selten der Fall.

Im Südwesten der Insel war das Reich der Tiere. Dort lebten Löwen, Elefanten, Bären und was es sonst so an Tieren gibt. Alle Tiere waren zahm und Vegetarier. Sie ernährten sich hauptsächlich von wildem Gemüse und Manna. Manna war eine Pflanze, die sah aus wie Baumwolle und ihre Frucht hatte die gleichen Nährwerte wie Brot. Die wuchs sehr schnell und war im ganzen Reich der Tiere vorhanden. Zwei oder dreimal im Jahr machten wir für ein langes Wochenende Urlaub bei den Tieren und aßen auch dieses Manna.

Weiter östlich vom Reich der Tiere lagen auch die Kornfelder. Dort wuchsen Kartoffeln, Weizen, Reis, Linsen und was es sonst an Körnern gab. Genauso wie bei den Nüssen, wurden sie nur zweimal im Jahr geerntet. Die Ernten waren aber so groß, dass es meistens für ein Dreivierteljahr reichte.

In der Mitte der Insel gab es außerdem einen See, der ungefähr fünfhundert Quadratmeter groß war. Der See war bis zur Hüfte tief. Anders als beim heiligen Strand, wo keiner von uns badete, machten wir öfters Picknick am See und badeten dort. Ab und zu sammelten wir auch Edelsteine, die am Strand des Sees zu finden waren. Sie waren sehr selten, so dass wir in drei bis vier Stunden Suchen zwei bis drei Stück fanden.

In der Mitte der Insel, südlich war die Höhle, in der wir lebten. Vor ihr war eine große Wiese, auf der wir öfters Picknick machten und mit den Hunden und Katzen spielten. Neben der Höhle war ein Stall, in dem unsere Nutztiere waren. Dort lebten sechs Kühe, vier Bullen, vier Ziegen, drei Schafe und zwei Pferde. Sie ernährten sich hauptsächlich von Stroh, das auf den Feldern sammelten. Abends wurden sie gemolken, woraus wir Käse machten.

Unsere Woche lief wie folgt; Montag, Dienstag und Mittwoch gingen wir arbeiten, Donnerstag fasteten wir, Freitag feierten wir, Samstag gab es immer ein Unterhaltungsprogramm und am Sonntag einmal die Woche hörten wir eine Predigt, die einer von unseren Brüdern und Schwerstern geschrieben hatte. Montags, wenn die Woche anfing und wir arbeiten gingen, arbeiteten hauptsächlich zehn Leute in der Küche, fünf Leute sammelten Stroh für die Kühe usw., zehn arbeiteten bei den Obst- und Gemüsefeldern und dreißig Leute arbeiteten in der Werkstatt.

Morgens um sechs Uhr standen die Leute, die in der Küche arbeiten, auf und backten Brötchen. Wir hatten eine Sanduhr, die unsere Vorfahren gebaut haben und vierundzwanzig Stunden ging. Nach der Sanduhr richteten wir unseren Tag. Um acht Uhr standen dann alle auf und wir frühstückten zusammen. Es gab Marmelade, Nutella und Zuckerhonig. Um halb neun versammelten wir uns zum gemeinsamen Gottesdienst, der eine Stunde dauerte. Dabei feierten wir auch das Abendmahl. Danach gingen wir arbeiten. Jeder zu seinem Platz. Wir arbeiteten ungefähr bis halb vier, dann kam einer von der Küche und holte uns ab. Um vier Uhr gab es dann gemeinsames Mittagessen in unserer Wohnstätte. Wir aßen zwei Mal am Tag, einmal morgens und einmal nach der Arbeit. Die Hunde und Katzen aßen das gleiche wie wir. Abends um achtzehn Uhr gab es dann eine Lesung, an der wir teilnahmen. Meistens war das eine halbe Stunde vom alten Testament und eine halbe Stunde vom neuen Testament. Zwischen zwanzig und einundzwanzig Uhr gingen wir dann schlafen.

Am Donnerstag war dann unser Fasten-Tag. Die Leute von der Küche standen um sechs Uhr auf und backten Zwieback. Das war Brot ohne Backpulver, ohne Salz und ohne Zucker. An dem Tag aßen wir nur zwei bis drei Zwieback-Brötchen. Zwei Mal am Tag hielten wir eine Gebetszeit. Einmal von elf bis dreizehn Uhr und einmal von fünfzehn bis siebzehn Uhr. Dabei beteten wir hauptsächlich Psalmen. Und wir beteten auch für die Brüder und Schwestern in der Welt, denen es nicht so gut ging. Am Nachmittag backten wir dann Torten, die wir aber nicht aßen, sondern erst am Freitag zu uns nahmen. Am Donnerstag aßen wir nichts, außer diesen zwei Zwieback-Brötchen und Pfefferminztee ohne Zucker. Am Freitag dann feierten wir. Wir aßen den ganzen Tag leckere Torten und priesen Gott. Von zehn bis elf gab es einen Gottesdienst und abends dann eine Lesung. Freitags gingen wir meistens eine Stunde später ins Bett.

Der Samstag verlief wie folgt; wir standen später auf und frühstückten auch später. Nachmittags aßen wir und spielten mit den Hunden und Katzen auf der Wiese. Um achtzehn Uhr hatten wir dann ein Unterhaltungsprogramm. Meistens war das ein Theaterstück aus der Bibel und ab und zu hatten wir auch Disco, wo wir zusammen tanzten. Die Musik kam aus einer Orgel, die unsere Vorfahren gebaut hatten. Am Samstag ging jeder, wann er wollte, ins Bett.

Sonntags konnte jeder aufstehen, wann er wollte. Er konnte auch frühstücken, wann er wollte. Um elf Uhr gab es dann einen Gottesdienst, der zwei Stunden ging mit einer Predigt, die einer unserer Brüder geschrieben hatte. Nachmittags aßen wir dann wieder zusammen und abends gab es wieder eine Lesung aus der Bibel. So ungefähr verlief unsere Woche.

Im Krankenhaus arbeiteten drei bis vier Leute, die donnerstags zu uns kamen und sonntags wieder zurückgingen.

In der Insel hatten alle Brüder und Schwestern zwei bis drei Berufe. Einen Beruf zu erlernen dauerte drei Jahre. Es gab Ärzte, Köche, Pastoren, nur sie hatten Zugang zu der Bibel, Musiker, Schauspieler und und und.

Die Verwaltung übernahmen die Politiker bzw. die Direktion. Sie wurden alle zwei Jahre von uns gewählt. So gab es einen Kanzler und einen Vize-Kanzler.

Es gab auch Nonnen und Mönche. Sie waren hauptsächlich Witwer oder geschieden. In der Insel durfte man nämlich nur einmal heiraten. Es gab auch Kinder, die hauptsächlich mit Reinigungsarbeiten befasst waren.

Das Wetter auf der Insel war das ganze Jahr gleich. Tagsüber hatten wir vierundzwanzig bis sechsundzwanzig Grad und die

Sonne schien. Abends kühlte es auf achtzehn Grad ab. Dadurch, dass es abends kälter war, regnete es meistens auch nur nachts. Manchmal, aber selten, kam ein Wind vom heiligen Berg und brachte Schnee. Man kann sagen, normalerweise schneite es vier bis sechs Tage im Jahr. Aber es gab auch Zeiten, da schneite es wochenlang. Wenn es zwei Wochen geschneit hatte, ging auf den Feldern das Obst und Gemüse kaputt. Wenn es länger schneite, gingen auch die Obst- und Gemüsepflanzen kaputt. Das war aber eher selten. Meistens hörte das Schneien nach zwei, drei Tagen auf. Es gab aber auch Zeiten, da hatte es schon mal drei Monate hintereinander geschneit. Da gingen nicht nur die Obstbäume kaputt, sondern auch die Kornfelder.

In diesem Bau, wo wir wohnten, der von unseren Vorfahren vor tausendfünfhundert Jahren gebaut wurde, hatten wir Vorräte für ungefähr sechs Monate. Zwei, drei Mal in der Geschichte ist es schon mal vorgekommen, dass auf Grund von Schnee und wir nicht ernten konnten, unsere ganzen Vorräte ausgegangen sind. Gemüse und Obst hatten wir ungefähr für zwei, drei Wochen im Vorrat. Mais, Weizen, Reis und andere Körner hatten wir für sechs Monate im Vorrat.

Auf der Insel hatten wir keine Angst
vor dem Tod. Er gehörte wie essen,
trinken und schlafen gehen dazu.
Angst vor dem Tod wäre auf der
Insel so was Ähnliches, als wenn man
Angst hätte, schlafen zu gehen und
nicht aufzuwachen.

Wir hatten ein Krankenhaus. Dort
arbeiteten immer ein Arzt, ein
Priester und ein Koch. Das
Krankenhaus war ein Bau, ungefähr
eine Stunde von unserem Gebäude
entfernt. Dazu gehörte auch der
heilige Strand. Wenn manche Brüder
und Schwestern schwer krank waren,
wie z. B. durch Schmerzen, fragte sie
der Arzt sechs Monate lang, ob sie
weiter wollen oder einschlafen
wollen. Und wenn der Bruder oder

die Schwester sechs Monate jeden Monat ja sagte, gab ihr der Arzt zwei oder drei Schlafbeeren, so dass sie diese Welt verließen.

Wir wussten alle, ob jung oder alt, wir müssen alle gehen. Und wir wussten alle, das wahre Leben fängt nach dem Tod an.

Oscar Garcia Fernandez

Wuppertal, 2020